7.95

DU MÊME AUTEUR

Aux Éditions Gallimard

MARTEREAU, *roman.*

PORTRAIT D'UN INCONNU, *roman.*
Première édition : Robert Marin, 1948.

L'ÈRE DU SOUPÇON, *essais.*

LE PLANÉTARIUM, *roman.*

LES FRUITS D'OR, *roman.*
Prix International de Littérature.

LE SILENCE, LE MENSONGE, *pièces.*

ENTRE LA VIE ET LA MORT, *roman.*

ISMA, *pièce.*

VOUS LES ENTENDEZ?, *roman.*

« DISENT LES IMBÉCILES », *roman.*

THÉÂTRE :
Pour un oui ou pour un non - Elle est là - C'est beau - Isma - Le Mensonge - Le Silence.

L'USAGE DE LA PAROLE.

POUR UN OUI OU POUR UN NON, *pièce.*

ENFANCE.

PAUL VALÉRY ET L'ENFANT D'ÉLÉPHANT
— FLAUBERT LE PRÉCURSEUR.

TU NE T'AIMES PAS.

ICI.

OUVREZ.

Aux Éditions de Minuit

TROPISMES (1957), Première édition : Denoël, 1939.

POUR UN OUI
OU POUR UN NON

Nathalie
Sarraute

Pour un oui
ou pour un non

PIÈCE

Gallimard

© *Éditions Gallimard, 1982.*

H.1 — H.2 —
H.3. — F —

H.1 : Écoute, je voulais te demander... C'est un peu pour ça que je suis venu... je voudrais savoir... que s'est-il passé? Qu'est-ce que tu as contre moi?

H.2 : Mais rien... Pourquoi?

H.1 : Oh, je ne sais pas... Il me semble que tu t'éloignes... tu ne fais plus jamais signe... il faut toujours que ce soit moi...

H.2 : Tu sais bien : je prends rarement l'initiative, j'ai peur de déranger.

H.1 : Mais pas avec moi? Tu sais que je te le dirais... Nous n'en sommes tout de même pas là... Non, je sens qu'il y a quelque chose...

H.2 : Mais que veux-tu qu'il y ait?

H.1 : C'est justement ce que je me demande. J'ai beau chercher... jamais... depuis tant d'années... il n'y a jamais rien eu entre nous... rien dont je me souvienne...

H.2 : Moi, par contre, il y a des choses que je n'oublie pas. Tu as toujours été très chic... il y a eu des circonstances...

H.1 : Oh qu'est-ce que c'est? Toi aussi, tu as toujours été parfait... un ami sûr... Tu te souviens comme on attendrissait ta mère?...

H.2 : Oui, pauvre maman... Elle t'aimait bien... elle me disait : « Ah lui, au moins, c'est un vrai copain, tu pourras toujours compter sur lui. » C'est ce que j'ai fait, d'ailleurs.

H.1 : Alors?

H. 2, *hausse les épaules* : ... Alors... que veux-tu que je te dise!

H. 1 : Si, dis-moi... je te connais trop bien : il y a quelque chose de changé... Tu étais toujours à une certaine distance... de tout le monde, du reste... mais maintenant avec moi... encore l'autre jour, au téléphone... tu étais à l'autre bout du monde... ça me fait de la peine, tu sais...

H. 2, *dans un élan* : Mais moi aussi, figure-toi...

H. 1 : Ah tu vois, j'ai donc raison...

H. 2 : Que veux-tu... je t'aime tout autant, tu sais... ne crois pas ça... mais c'est plus fort que moi...

H. 1 : Qu'est-ce qui est plus fort? Pourquoi ne veux-tu pas le dire? Il y a donc eu quelque chose...

H. 2 : Non... vraiment rien... Rien qu'on puisse dire...

H.1 : Essaie quand même...

H.2 : Oh non... je ne veux pas...

H.1 : Pourquoi? Dis-moi pourquoi?

H.2 : Non, ne me force pas...

H.1 : C'est donc si terrible?

H.2 : Non, pas terrible... ce n'est pas ça...

H.1 : Mais qu'est-ce que c'est, alors?

H.2 : C'est... c'est plutôt que ce n'est rien... ce qui s'appelle rien... ce qu'on appelle ainsi... en parler seulement, évoquer ça... ça peut vous entraîner... de quoi on aurait l'air? Personne, du reste... personne ne l'ose... on n'en entend jamais parler...

H.1 : Eh bien, je te demande au nom de tout ce que tu prétends que j'ai été pour toi... au nom de ta mère... de nos parents... je t'adjure solennellement, tu ne peux plus reculer... Qu'est-ce qu'il y a eu? Dis-le... tu me dois ça...

H.2, *piteusement* : Je te dis : ce n'est rien qu'on puisse dire... rien dont il soit permis de parler...

H.1 : Allons, vas-y...

H.2 : Eh bien, c'est juste des mots...

H.1 : Des mots? Entre nous? Ne me dis pas qu'on a eu des mots... ce n'est pas possible... et je m'en serais souvenu...

H.2 : Non, pas des mots comme ça... d'autres mots... pas ceux dont on dit qu'on les a « eus »... Des mots qu'on n'a pas « eus », justement... On ne sait pas comment ils vous viennent...

H.1 : Lesquels? Quels mots? Tu me fais languir... tu me taquines...

H.2 : Mais non, je ne te taquine pas... Mais si je te les dis...

H.1 : Alors? Qu'est-ce qui se passera? Tu me dis que ce n'est rien...

H.2 : Mais justement, ce n'est rien...
Et c'est à cause de ce rien...

H.1 : Ah on y arrive... C'est à
cause de ce rien que tu t'es éloigné?
Que tu as voulu rompre avec moi?

H.2, *soupire* : Oui... c'est à cause de
ça... Tu ne comprendras jamais... Personne, du reste, ne pourra comprendre...

H.1 : Essaie toujours... Je ne suis
pas si obtus...

H.2 : Oh si... pour ça, tu l'es. Vous
l'êtes tous, du reste.

H.1 : Alors, chiche... on verra...

H.2 : Eh bien... tu m'as dit il y a
quelque temps... tu m'as dit... quand je
me suis vanté de je ne sais plus quoi...
de je ne sais plus quel succès... oui...
dérisoire... quand je t'en ai parlé... tu
m'as dit : « C'est bien... ça... »

H.1 : Répète-le, je t'en prie... j'ai dû
mal entendre.

H.2, *prenant courage* : Tu m'as dit :
« C'est bien... ça... » Juste avec ce suspens... cet accent...

H.1 : Ce n'est pas vrai. Ça ne peut
pas être ça... ce n'est pas possible...

H.2 : Tu vois, je te l'avais bien dit...
à quoi bon?...

H.1 : Non mais vraiment, ce n'est
pas une plaisanterie? Tu parles sérieusement?

H.2 : Oui. Très. Très sérieusement.

H.1 : Écoute, dis-moi si je rêve... si
je me trompe... Tu m'aurais fait part
d'une réussite... quelle réussite d'ailleurs...

H.2 : Oh peu importe... une réussite
quelconque...

H.1 : Et alors je t'aurais dit :
« C'est bien, ça? »

H.2, *soupire* : Pas tout à fait ainsi...
il y avait entre « C'est bien » et « ça »

un intervalle plus grand : « C'est
biiien...... ça... » Un accent mis sur
« bien »... un étirement : « biiien... »
et un suspens avant que « ça » arrive...
ce n'est pas sans importance.

H.1 : Et ça... oui, c'est le cas de le
dire... ce « ça » précédé d'un suspens
t'a poussé à rompre...

H.2 : Oh... à rompre... non, je n'ai
pas rompu... enfin pas pour de bon...
juste un peu d'éloignement.

H.1 : C'était pourtant une si belle
occasion de laisser tomber, de ne plus
jamais revoir un ami de toujours... un
frère... Je me demande ce qui t'a rete-
nu...

H.2 : C'est que ce n'est pas permis.
Je n'ai pas eu l'autorisation.

H.1 : Ah? tu l'avais demandée?

H.2 : Oui, j'ai fait quelques démar-
ches...

H.1 : Auprès de qui?

H.2 : Eh bien, auprès de ceux qui ont le pouvoir de donner ces permissions. Des gens normaux, des gens de bon sens, comme les jurés des cours d'assises, des citoyens dont on peut garantir la respectabilité...

H.1 : Et alors? Qu'est-ce qu'ils t'ont dit?

H.2 : Alors... c'était à prévoir... Mon cas n'était pas le seul, du reste. Il y avait d'autres cas du même ordre : entre parents et enfants, entre frères et sœurs, entre époux, entre amis...

H.1 : Qui s'étaient permis de dire « C'est bien... ça » avec un grrrand suspens?

H.2 : Non, pas ces mots... mais d'autres, même plus probants... Et il n'y a rien eu à faire : tous déboutés. Condamnés aux dépens. Et même certains, comme moi, poursuivis...

H.1 : Poursuivi? Toi?

H.2 : Oui. A la suite de cette demande, on a enquêté sur moi et on a découvert...

H.1 : Ah? Quoi? Qu'est-ce que je vais apprendre?

H.2 : On a su qu'il m'est arrivé de rompre pour de bon avec des gens très proches... pour des raisons que personne n'a pu comprendre... J'avais été condamné... sur leur demande... par contumace... Je n'en savais rien... J'ai appris que j'avais un casier judiciaire où j'étais désigné comme « Celui qui rompt pour un oui ou pour un non ». Ça m'a donné à réfléchir...

H.1 : C'est pour ça qu'avec moi, tu as pris des précautions... rien de voyant. Rien d'ouvert...

H.2 : On peut me comprendre... « Rompt pour un oui ou pour un non... » Tu te rends compte?

H.1 : Maintenant ça me revient :
ça doit se savoir... Je l'avais déjà enten-
du dire. On m'avait dit de toi : « Vous
savez, c'est quelqu'un dont il faut se
méfier. Il paraît très amical, affec-
tueux... et puis, paf! pour un oui ou
pour un non... on ne le revoit plus. »
J'étais indigné, j'ai essayé de te défendre... Et voilà que même avec moi...
si on me l'avait prédit... vraiment, c'est
le cas de le dire : pour un oui ou pour
un non... Parce que j'ai dit : « C'est
bien, ça »... oh pardon, je ne l'ai pas
prononcé comme il fallait : « C'est
biiiien... ça... »

H.2 : Oui. De cette façon... tout à
fait ainsi... avec cet accent mis sur le
« bien »... avec cet étirement... Oui, je
t'entends, je te revois... « C'est biiien...
ça... » Et je n'ai rien dit... et je ne pourrai jamais rien dire...

H.1 : Mais si, dis-le... entre nous,

voyons... dis-le... je pourrai peut-être comprendre... ça ne peut que nous faire du bien...

H.2 : Parce que tu ne comprends pas?

H.1 : Non, je te le répète... je l'ai sûrement dit en toute innocence. Du reste, je veux être pendu si je m'en souviens... J'ai dit ça quand? A propos de quoi?

H.2 : Tu avais profité d'une imprudence... je peux dire que j'ai été te chercher...

H.1 : Mais qu'est-ce que tu racontes?

H.2 : Oui. J'y suis allé. Comme ça. Les mains nues. Sans défense. J'ai eu la riche idée d'aller me vanter... j'ai voulu me valoriser... j'ai été... auprès de toi!... me targuer de je ne sais quel petit succès... j'ai essayé de grimper chez toi... j'ai voulu me hisser là-haut dans ces régions que tu habites... et tu m'as soulevé par la peau du cou, tu m'as tenu dans ta main, tu m'as tourné et retourné... et tu m'as laissé retomber, en disant : « C'est biiien... ça... »

H.1 : Dis-moi, c'est ce que tu as exposé dans ta demande?

H.2 : Oui, à peu près... je ne m'en souviens plus très bien...

H.1 : Et tu t'es étonné d'être débouté?

H.2 : Non, tu sais... en réalité, il y a longtemps que dans ce genre de choses rien ne m'étonne...

H.1 : Tu as pourtant essayé...

H.2 : Hé oui... le cas me semblait patent.

H.1 : Veux-tu que je te dise? C'est dommage que tu ne m'aies pas consulté, j'aurais pu te conseiller sur la façon de rédiger ta demande. Il y a un terme tout prêt qu'il aurait fallu employer...

H.2 : Ah? lequel?

H.1 : Eh bien, c'est le mot « condescendant ». Ce que tu as senti dans cet
accent mis sur *bien*... dans ce suspens,
c'est qu'ils étaient ce qui se nomme
condescendants. Je ne dis pas que tu
aurais obtenu la permission de ne plus
me revoir à cause de ça, mais enfin tu
aurais peut-être évité la condamnation.
Le ton condescendant pouvait être une
circonstance atténuante. « C'est enten-
du, il a voulu rompre avec un pareil
ami... mais enfin, on peut invoquer
cette impression qu'il a eue d'une certaine condescendance... »

H.2 : Ah? tu la vois donc? Tu la
reconnais?

H.1 : Je ne reconnais rien. D'ailleurs je ne vois pas pourquoi... comment j'aurais pu... avec toi... non vraiment, il faut que tu sois...

H.2 : Ah non, arrête... pas ça... pas

que je sois ceci ou cela... non, non, je t'en prie, puisque tu veux que nous arrivions à nous comprendre... Tu le veux toujours, n'est-ce pas?

H.1 : Bien sûr. Je te l'ai dit, je suis venu pour ça.

H.2 : Alors, si tu veux bien, servons-nous de ce mot...

H.1 : Quel mot?

H.2 : Le mot « condescendant ». Admets, je t'en prie, même si tu ne le crois pas, que ça y était, oui... la condescendance. Je n'avais pas pensé à ce mot. Je ne les trouve jamais quand il le faut... mais maintenant que je l'ai, permets-moi... je vais recommencer...

H.1 : Tu vas faire une nouvelle demande?

H.2 : Oui. Pour voir. Et en ta présence. Tu sais, ce sera peut-être amusant...

H. 1 : Peut-être... mais à qui veux-tu qu'on demande?

H. 2 : Oh... Pas la peine de chercher bien loin... on en trouve partout... Tiens, ici, tout près... mes voisins... des gens très serviables... des gens très bien... tout à fait de ceux qu'on choisit pour les jurys... Intègres. Solides. Pleins de bon sens. Je vais les appeler.

Sort et revient avec un couple.

Voilà... Je vous présente... Je vous en prie... cela ne vous prendra pas long-temps... il y a entre nous un différend...

Eux : Oh, mais nous, vous savez, nous n'avons aucune compétence.

H. 2 : Si, si, vous en avez... Plus qu'il n'en faut. Voilà de quoi il s'agit. Mon ami, là, un ami de toujours...

F. : C'est lui dont vous m'avez sou-vent parlé? Je me rappelle... quand il a été souffrant... vous étiez si inquiet...

H.2 : Oui, c'est lui... Et c'est pour ça justement que ça me fait tant de peine...

F. : Ne me dites pas qu'entre vous... après tant d'amitié... vous m'avez toujours dit qu'il a été, à votre égard...

H.2 : Oui, parfait. Je lui en suis reconnaissant...

F. : Alors pourquoi?

H.1 : Eh bien, je vais vous le dire : je lui ai, paraît-il, parlé sur un ton condescendant...

H.2 : Pourquoi le dis-tu comme ça? Avec cette ironie? Tu ne veux plus faire l'essai?

H.1 : Mais si mais si... Je le dis sérieusement. Je l'ai vexé... il s'est senti diminué... alors, depuis, il m'évite...

Eux, *silencieux... perplexes... hochant la tête...*

F. : En effet... ça paraît... pour le

moins excessif... juste un ton condescendant...

H.3 : Mais vous savez, la condescendance, parfois...

H.2 : Ah? vous comprenez?

H.3 : Enfin... je n'irais pas jusqu'à ne plus revoir, mais...

H.2 : Mais, mais, mais... oh, vous voyez, vous pouvez me comprendre.

H.3 : Je n'irai pas jusqu'à dire ça...

H.2 : Si, si, vous irez, vous verrez... permettez-moi de vous exposer... Voilà... Il faut vous dire d'abord que jamais, mais vraiment jamais je n'ai accepté d'aller chez lui...

F. : Vous n'allez jamais chez lui?

H.1 : Mais si, voyons... qu'est-ce qu'il raconte?

H.2 : Ce n'est pas de ça que je parle. J'allais le voir. Le voir, c'est vrai. Mais jamais, jamais je ne cherchais à m'installer sur ses domaines... dans ces régions qu'il habite... Je ne joue pas le jeu, vous comprenez.

H.1 : Ah, c'est ça que tu veux dire... Oui, c'est vrai, tu t'es toujours tenu en marge...

H.3 : Un marginal?

H.1 : Oui, si on veut. Mais je dois dire qu'il a toujours gagné sa vie... il n'a jamais rien demandé à personne.

H.2 : Merci, tu es gentil... Mais où en étions-nous? Ah oui, c'est ça, il vous l'a dit : je me tiens à l'écart. Il est chez lui. Moi je suis chez moi.

F. : C'est bien normal. Chacun sa vie, n'est-ce pas?

H.2 : Eh bien, figurez-vous qu'il ne le supporte pas. Il veut à toute force m'attirer... là-bas, chez lui... il faut que j'y sois avec lui, que je ne puisse pas en sortir... Alors il m'a tendu un piège... il a disposé une souricière.

Tous : Une souricière?

H. 2 : Il a profité d'une occasion...

F., *rit* : Une souricière d'occasion?

H. 1 : Non, ne riez pas. Il parle sérieusement, je vous assure... Quelle souricière, dis-nous...

H. 2 : Eh bien, je l'avais félicité pour sa promotion... et il m'a dit qu'elle lui donnait... entre autres avantages... l'occasion de faire des voyages passionnants...

H. 1 : Continue. Ça devient intéressant...

H. 2 : Oui. Des voyages... et je me suis avancé plus loin que je ne le fais d'ordinaire... j'ai marqué comme une nostalgie... alors... il m'a offert d'obtenir pour moi, grâce à ses relations... j'ai fait quelques petits travaux... il m'a dit que peut-être, il pourrait demander à quelqu'un de bien placé de me proposer pour une tournée de conférences...

F., H.3 : Eh bien, je trouve ça gentil...

H.2, *gémit* : Oh!

F., H.3 : Vous ne trouvez pas ça gentil? Moi, on me proposerait...

H.2 : A quoi bon continuer? Je n'y arriverai pas.

H.1. : Si, j'y tiens. Continue, je t'en prie. Ce n'était pas gentil?

H.2 : Il faut donc tout recommencer...

H.1 : Non. Résumons : tu aimes les voyages. Je t'ai proposé de t'obtenir une tournée...

H.2 : Oui. Alors, vous voyez, j'avais le choix. Je pouvais... c'est ce que je fais d'ordinaire, sans même y penser... je pouvais reculer, dire : « Non, vois-tu, moi les voyages... et surtout dans ces conditions... non, ce n'est pas pour moi. » Ainsi je restais dehors. Ou alors je pouvais me laisser tenter, m'approcher de l'appât, le mordre, dire : « Eh bien, je te remercie, je serais heureux... » et j'aurais été pris et conduit à la place qui m'était assignée, là-bas, chez lui... ma juste place. C'était déjà pas mal. Mais j'ai fait mieux...

H.1 : Tiens? tu as fait mieux?

H.2 : Oui. J'ai dit... mais comment ai-je pu?... rien que d'y penser...

H.1 : Je m'en souviens maintenant : tu as dit que si tu voulais, tu pourrais... qu'on t'avait proposé, dans d'excellentes conditions...

H.2 : Oui, c'est ça... quelle honte... je me suis installé tout au fond de la cage. Comme si j'y avais toujours vécu. J'ai joué le jeu qu'on y joue. Conformément à toutes les règles.

28

J'ai voulu aussitôt me rehausser... comme chacun fait là-bas... Sa protection, fi donc, je n'en avais pas besoin, j'avais moi aussi une place ici, chez eux... une très bonne place... je m'en flattais. Je jouais leur jeu à fond. On aurait dit que je n'avais jamais fait que ça. Alors il n'a eu qu'à me prendre... Il m'a tenu dans le creux de sa main, il m'a examiné : Voyez-vous ça, regardez-moi ce bonhomme, il dit qu'il a été, lui aussi, invité... et même dans de flatteuses conditions... et comme il en est fier... voyez comme il se redresse... ah mais c'est qu'il n'est pas si petit qu'on le croit... il a su mériter comme un grand... c'est biiien... ça... C'est biiiien... ça... Oh mais qu'est-ce que vous pouvez comprendre...

H.3 : Pas grand-chose, en effet...

F. : Moi non plus, je ne peux pas suivre... du reste je n'ai pas le temps, il faut que je parte... Mais il me semble que cette excitation... il a l'air si agité... et ces idées de souricière, d'appât... Ne vaudrait-il pas mieux...

H.1 : Non, ne craignez rien. Laissez-nous, je m'en charge.

> *H.3 et F. sortent.*
> *Long silence.*

H.1, *doucement* : Alors tu crois sérieusement que lorsque j'ai parlé de te recommander, c'était un piège que je te tendais?

H.2 : Tu m'en tends un maintenant, en tout cas... Tu as vu, ils me trouvaient cinglé... et tu veux que j'en donne une preuve encore plus évidente.

H.1 : Mais non, voyons. Tu sais bien qu'entre nous... Tu te rappelles ces plongées? Quand tu m'entraînais... j'aimais bien ça, c'était très excitant... Est-ce que je t'ai jamais traité de cinglé? Écorché, peut-être, c'est vrai. Un peu persécuté... Mais ça fait partie de ton charme... Allons, dis-moi, vraiment, tu le crois? Tu penses que je t'ai tendu un piège?

H.2 : Oh, tendu... j'ai exagéré. Il est probable que tu ne l'as pas tendu au départ, quand tu t'es mis à parler de tes voyages... Mais après, quand tu as senti en moi ce frémissement... comme une nostalgie... un regret... alors tu t'es mis à déployer, à étaler... comme tu fais toujours quand tu étales devant moi...

H.1 : Étaler? Moi? Qu'est-ce que j'étale? Est-ce que je me suis jamais vanté de quoi que ce soit?

H.2 : Te vanter, oh non... quelle balourdise... ça c'était bon pour moi, c'est moi qui suis allé me vanter. Je suis un gros balourd auprès de toi.

H.1 : J'en suis flatté. Je croyais que pour ce qui est des subtilités...

H.2 : Mais voyons, tu es bien plus subtil que moi.

H.1 : Ah comment? Comment plus subtil? Comment, dis-moi...

H.2 : Eh bien justement quand tu présentes tes étalages. Les plus raffinés qui soient. Ce qui est parfait, c'est que ça n'a jamais l'air d'être là pour qu'on le regarde. C'est quelque chose qui se trouve être là, tout naturellement. Ça existe, c'est tout. Comme un lac. Comme une montagne. Ça s'impose avec la même évidence.

H.1 : Quoi ça? Assez de métaphores. Qu'est-ce qui s'impose?

H.2 : Le Bonheur. Oui. Les Bonheurs. Et quels bonheurs! Les plus appréciés. Les mieux cotés. Les bonheurs que tous les pauvres bougres contemplent, le nez collé aux vitrines.

H.1 : Un exemple, s'il te plaît.

H.2 : Oh je n'ai que l'embarras du choix... Tiens, si tu en veux un, en voici un des mieux réussis... quand tu te tenais devant moi... bien carré dans ton fauteuil, ton premier-né debout entre tes genoux... l'image de la paternité comblée... tu le voyais ainsi, tu le présentais...

H.1 : Mais dis tout de suite que je posais...

H.2 : Je n'ai pas dit ça.

H.1 : J'espère bien. J'étais heureux... figure-toi que ça m'arrive... et alors ça se voit, c'est tout.

H.2 : Non, ce n'est pas tout. Absolument pas. Tu te sentais heureux, c'est vrai... comme vous deviez vous sentir heureux, Janine et toi, quand vous vous teniez devant moi : un couple parfait, bras dessus, bras dessous, riant aux anges, ou bien vous regardant au fond des yeux... mais un petit coin de votre œil tourné vers moi, un tout petit bout de regard détourné vers moi pour voir si je contemple... si je me tends vers ça comme il se doit, comme chacun doit se tendre... Et moi...

H.1 : Ah nous y sommes. J'ai trouvé. Et toi...

H.2 : Et moi quoi? Qu'est-ce que j'étais?

H.1 : Tu... tu étais...

H.2 : Allons, dis-le, j'étais quoi?

H.1 : Tu étais jaloux.

H.2 : Ah nous y sommes, c'est vrai. C'est bien ce que tu voulais, c'est ce que tu cherchais, que je sois jaloux... Et tout est là. Tout est là : il te fallait que je le sois et je ne l'étais pas. J'étais content pour toi. Pour vous... Oui, mais pour vous seulement. Pour moi, je n'en voulais pas, de ce bonheur. Ni cru ni cuit... Je n'étais pas jaloux! Pas, pas, pas jaloux. Non, je ne t'enviais pas... Mais comment est-ce possible? Ce ne serait donc pas *le* Bonheur? Le vrai Bonheur, reconnu partout? Recherché par tous? Le Bonheur digne de tous les efforts, de tous les sacrifices? Non? Vraiment? Il y avait donc là-bas... cachée au fond de la forêt, une petite princesse...

H.1 : Quelle forêt? Quelle princesse? Tu divagues...

H.2 : Bien sûr, je divague... Qu'est-ce que tu attends pour les rappeler? « Écoutez-le, il est en plein délire... quelle forêt? » Eh bien oui, mes bonnes gens, la forêt de ce conte de fées où la reine interroge son miroir : « Suis-je la plus belle, dis-moi... » Et le miroir répond : « Oui, tu es belle, très belle, mais il y a là-bas, dans une cabane au fond de la forêt, une petite princesse encore plus belle... » Et toi, tu es comme cette reine, tu ne supportes pas qu'il puisse y avoir quelque part caché...

H.1 : Un autre bonheur... plus grand?

H.2 : Non justement, c'est encore pire que ça. Un bonheur, à la rigueur tu pourrais l'admettre.

H.1 : Vraiment tu me surprends... Je pourrais être si généreux que ça?

H.2 : Oui. Un autre bonheur, peut-être même plus grand que le tien. A condition qu'il soit reconnu, classé, que tu puisses le retrouver sur vos listes... Il faut qu'il figure au catalogue parmi tous les autres bonheurs. Si le mien était celui du moine enfermé dans sa cellule, du stylite sur sa colonne... dans la rubrique de la béatitude des mystiques, des saints...

H.1 : Là tu as raison, il n'y a

aucune chance que je t'y trouve...

H.2 : Non. Ni là, ni ailleurs. Ce n'est inscrit nulle part.

H.1 : Un bonheur sans nom?

H.2 : Ni sans nom ni avec nom. Pas un bonheur du tout.

H.1 : Alors quoi?

H.2 : Alors rien qui s'appelle le bonheur. Personne n'est là pour regarder, pour donner un nom... On est ailleurs... en dehors... loin de tout ça... on ne sait pas où l'on est, mais en tout cas on n'est pas sur vos listes... Et c'est ce que vous ne supportez pas...

H.1 : Qui « vous »? Pourquoi veux-tu absolument me mêler?... Si c'est comme ça que tu me vois... Si c'était pour entendre ça... J'aurais mieux fait de ne pas venir.

H.2 : Ah mais c'est qu'il faut abso-lument que tu viennes, hein? pour voir... Ça t'attire... ça te tire, n'est-ce pas? Qu'est-ce que c'est? Est-ce toujours là, quelque part hors de nos frontières? Ça tient toujours, cette sorte de... contentement... comme ça... pour rien... une récompense pour rien, rien, rien...

H.1 : Cette fois vraiment je crois qu'il vaut mieux que je parte...

> *Se dirige vers la porte. S'arrête devant la fenêtre. Regarde au-dehors.*

H.2, *l'observe un instant. S'approche de lui, lui met la main sur l'épaule :* Pardonne-moi... Tu vois, j'avais raison : voilà ce que c'est que de se lancer dans ces explications... On parle à tort et à travers... On se met à dire plus qu'on ne pense... Mais je t'aime bien, tu sais... je le sens très fort dans des moments comme ceux-là...

H.1 : Comme ceux-là?

H.2 : Oui, comme maintenant, quand tu t'es arrêté là, devant la fenêtre... pour regarder... avec ce regard que tu peux avoir... il y a chez toi, parfois, comme un abandon, on dirait que tu te fonds avec ce que tu vois, que tu te perds dedans... rien que pour ça... oui, rien que pour ça... tout à coup tu m'es proche... Tu comprends pourquoi je tiens tant à cet endroit? Il peut paraître un peu sordide... mais ce serait dur pour moi de changer... Il y a là... c'est difficile à dire... mais tu le sens, n'est-ce pas? comme une force qui irradie de là... de... de cette ruelle, de ce petit mur, là, sur la droite, de ce toit... quelque chose de rassurant, de vivifiant...

H.1 : Oui... je comprends...

H.2 : Si je ne devais plus voir ça... ce serait comme si... je ne sais pas... Oui, pour moi, tu vois... la vie est là...

Mais qu'est-ce que tu as?

H.1 : « La vie est là... simple et tranquille... » « La vie est là, simple et tranquille... » C'est de Verlaine, n'est-ce pas?

H.2 : Oui, c'est de Verlaine... Mais pourquoi?

H.1 : De Verlaine. C'est ça.

H.2 : Je n'ai pas pensé à Verlaine... j'ai seulement dit : la vie est là, c'est tout.

H.1 : Mais la suite venait d'elle-même, il n'y avait qu'à continuer... Nous avons quand même fait nos classes...

H.2 : Mais je n'ai pas continué... Mais qu'est-ce que j'ai à me défendre comme ça? Qu'est-ce qu'il y a? Qu'est-ce qui te prend tout à coup?

H.1 : Qu'est-ce qui me prend? « Prend » est bien le mot. Oui, qu'est-ce qui me prend? C'est que tout à l'heure, tu n'as pas parlé pour ne rien dire... tu m'as énormément appris, figure-toi... Maintenant il y a des choses que même moi je suis capable de comprendre. Cette fois-ci, celui qui a placé le petit bout de lard, c'est toi.

H.2 : Quel bout de lard?

H.1 : C'est pourtant clair. Tout à l'heure, quand tu m'as vu devant la fenêtre... Quand tu m'as dit : « Regarde, la vie est là... » la vie est là... rien que ça... la vie... quand tu as senti que je me suis un instant tendu vers l'appât...

H.2 : Tu es dingue.

H.1 : Non. Pas plus dingue que toi, quand tu disais que je t'avais appâté avec les voyages pour t'enfermer chez moi, dans ma cage... ça paraissait très fou, mais tu n'avais peut-être pas si tort que ça... Mais cette fois, c'est toi qui m'as attiré...

H.2 : Attiré où? Où est-ce que j'ai cherché à t'attirer?

H.1 : Mais voyons, ne joue pas l'innocent... « La vie est là, simple et tranquille... »

H.2 : D'abord je n'ai pas dit ça.

H.1 : Si. Tu l'as dit. Implicitement. Et ce n'est pas la première fois. Et tu prétends que tu es ailleurs... dehors... loin de nos catalogues... hors de nos cases... rien à voir avec les mystiques, les saints...

H.2 : C'est vrai.

H.1 : Oui, c'est vrai, rien à voir avec ceux-là. Vous avez mieux... Quoi de plus apprécié que ton domaine, où tu me faisais la grâce de me laisser entrer pour que je puisse, moi aussi, me recueillir... « La vie est là, simple et tranquille... » C'est là que tu te tiens, à l'abri de nos contacts salissants... sous la protection des plus grands... Verlaine...

H.2 : Je te répète que je n'ai pas pensé à Verlaine.

H.1 : Bon. Admettons, je veux bien. Tu n'y avais pas pensé, mais tu reconnaîtras qu'avec le petit mur, le toit, le ciel par-dessus le toit... on y était en plein...

H.2 : Où donc?

H.1 : Mais voyons, dans le « poétique », la « poésie ».

H.2 : Mon Dieu! comme d'un seul coup tout resurgit... juste avec ça, ces guillemets...

H.1 : Quels guillemets?

H.2 : Ceux que tu places toujours autour de ces mots, quand tu les prononces devant moi... « Poésie. » « Poé-

43

tique. » Cette distance, cette ironie... ce mépris...

H.1 : Moi, je me moque de la poésie? Je parle avec mépris des poètes?

H.2 : Pas des « vrais » poètes, bien sûr. Pas de ceux que vous allez admirer les jours fériés sur leurs socles, dans leurs niches... Les guillemets, ce n'est pas pour eux, jamais...

H.1 : Mais c'est pour qui alors?

H.2 : C'est pour... c'est pour...

H.1 : Allons, dis-le...

H.2 : Non. Je ne veux pas. Ça nous entraînerait trop loin...

H.1 : Eh bien, je vais le dire. C'est avec toi que je les place entre guillemets, ces mots... oui, avec toi... dès que je sens ça en toi, impossible de me retenir, malgré moi les guillemets arrivent.

H.2 : Voilà. Je crois qu'on y est. Tu

l'as touché. Voilà le point. C'est ici qu'est la source. Les guillemets, c'est pour moi. Dès que je regarde par la fenêtre, dès que je me permets de dire « la vie est là », me voilà aussitôt enfermé à la section des « poètes »... de ceux qu'on place entre guillemets... qu'on met aux fers...

H.1 : Oui, cette fois je ne sais pas si « on y est », mais je sens qu'on s'approche... Tiens, moi aussi, puisque nous en sommes là, il y a des scènes dont je me souviens... il y en a une surtout... tu l'as peut-être oubliée... c'était du temps où nous faisions de l'alpinisme... dans le Dauphiné... on avait escaladé la Barre des Écrins... tu te rappelles?

H.2 : Oui. Bien sûr.

H.1 : Nous étions cinq : nous deux, deux copains et un guide. On était en train de redescendre... Et tout à coup, tu t'es arrêté. Tu as stoppé toute la

cordée. Et tu as dit, sur un ton... :
« Si on s'arrêtait un instant pour regarder? Ça en vaut tout de même la peine... »

H.2 : J'ai dit ça? J'ai osé?

H.1 : Oui. Et tout le monde a été obligé de s'arrêter... Nous étions là, à attendre... piétinant et piaffant... pendant que tu « contemplais »...

H.2 : Devant vous? Il fallait que j'aie perdu la tête...

H.1 : Mais non. Tu nous forçais à nous tenir devant ça, en arrêt, que nous le voulions ou non... Alors je n'ai pas pu résister. J'ai dit : « Allons, dépêchons, nous n'avons pas de temps à perdre... Tu pourras trouver en bas, chez la papetière, de jolies cartes postales... »

H.2 : Ah oui. Je m'en souviens... J'ai eu envie de te tuer.

H.1 : Et moi aussi. Et tous les autres, s'ils avaient pu parler, ils auraient avoué qu'ils avaient envie de te pousser dans une crevasse...

H.2 : Et moi... oui... rien qu'à cause de ça, de ces cartes postales... comment ai-je pu te revoir...

H.1 : Oh il a dû y avoir, après, un moment où tu as repris espoir...

H.2 : Espoir? Après ça?

H.1 : Oui, tu ne le perds jamais. Tu as dû avoir le fol espoir, comme tout à l'heure, devant la fenêtre... quand tu m'as tapoté l'épaule... « C'est bien, ça... »

H.2 : C'est bien, ça?

H.1 : Mais oui, tu sais le dire aussi... en tout cas l'insinuer... C'est biiien... ça... voilà un bon petit qui sent le prix de ces choses-là... on ne le croirait pas, mais vous savez, tout béotien qu'il est, il en est tout à fait capable...

H.2 : Mon Dieu! et moi qui avais cru à ce moment-là... comment ai-je pu oublier? Mais non, je n'avais pas oublié... je le savais, je l'ai toujours su...

H.1 : Su quoi? Su quoi? Dis-le.

H.2 : Su qu'entre nous il n'y a pas de conciliation possible. Pas de rémission... C'est un combat sans merci. Une lutte à mort. Oui, pour la survie. Il n'y a pas le choix. C'est toi ou moi.

H.1 : Là tu vas fort.

H.2 : Mais non, pas fort du tout. Il faut bien voir ce qui est : nous sommes dans deux camps adverses. Deux soldats de deux camps ennemis qui s'affrontent.

H.1 : Quels camps? Ils ont un nom.

H.2 : Ah, les noms, ça c'est pour toi. C'est toi, c'est vous qui mettez des noms sur tout. Vous qui placez entre guillemets... Moi je ne sais pas.

H.1 : Eh bien, moi je sais. Tout le monde le sait. D'un côté, le camp où je suis, celui où les hommes luttent, où ils donnent toutes leurs forces... ils créent la vie autour d'eux... pas celle que tu contemples par la fenêtre, mais la « vraie », celle que tous vivent. Et d'autre part... eh bien...

H.2 : Eh bien?

H.1 : Eh bien...

H.2 : Eh bien?

H.1 : Non...

H.2 : Si. Je vais le dire pour toi... Eh bien, de l'autre côté il y a les « ratés ».

H.1 : Je n'ai pas dit ça. D'ailleurs, tu travailles...

H.2 : Oui, juste pour me permettre

de vivoter. Je n'y consacre pas toutes mes forces.

H. 1 : Ah! tu en gardes?

H. 2 : Je te vois venir... Non, non, je n'en « garde » pas...

H. 1 : Si. Tu en gardes. Tu gardes des forces pour quoi?

H. 2 : Qu'est-ce que ça peut bien te faire? Pourquoi faut-il que tu viennes toujours chez moi inspecter, fouiller? On dirait que tu as peur...

H. 1 : Peur? Peur!

H. 2 : Oui, peur. Ça te fait peur : quelque chose d'inconnu, peut-être de menaçant, qui se tient là, quelque part, à l'écart, dans le noir... une taupe qui creuse sous les pelouses bien soignées où vous vous ébattez... Il faut absolument la faire sortir, voici un produit à toute épreuve : « C'est un raté. » « Un raté. » Aussitôt, vous le voyez? le voici qui surgit au-dehors, il est tout agité : « Un raté? Moi? Qu'est-ce que j'entends? Qu'est-ce que vous dites? Mais non, je n'en suis pas un, ne croyez pas ça... voilà ce que je suis, voilà ce que je serai... vous allez voir, je vous donnerai des preuves... » Non, n'y compte pas. Même ça, même « un raté », si efficace que ça puisse être, ne me fera pas quitter mon trou, j'y suis trop bien.

H.1 : Vraiment? Tu y es si bien que ça?

H.2 : Mieux que chez toi, en tout cas, sur tes pelouses... Là je dépéris... j'ai envie de fuir... La vie ne vaut plus...

H.1 : La vie ne vaut plus la peine d'être vécue — c'est ça. C'est exactement ce que je sens quand j'essaie de me mettre à ta place.

H.2 : Qui t'oblige à t'y mettre?

H. 1 : Je ne sais pas... je veux toujours comprendre...

H. 2 : C'est ce que je te disais : tu doutes toujours, tu crains qu'il n'y ait là-bas, dans une petite cabane dans la forêt...

H. 1 : Non, je veux savoir d'où ça te vient, ce détachement. Surnaturel. Et j'en reviens toujours à ça : il faut que tu te sentes soutenu...

H. 2 : Ah Verlaine de nouveau, hein? les poètes... Eh bien non, je n'en suis pas un... et si tu veux le savoir, je n'en serai pas un. Jamais. Tu n'auras pas cette chance.

H. 1 : Moi? Cette chance? Je crois que si tu te révélais comme un vrai poète... il me semble que la chance serait plutôt pour toi.

H. 2 : Allons, qu'est-ce que tu racontes? Tu n'y penses pas... Vous avez même un mot tout prêt pour ça : récu-

péré. Je serais récupéré. Réintégré.
Placé chez vous, là-bas. Plus de guillemets, bien sûr, mais à ma juste place
et toujours sous surveillance. « C'est
bien... ça » sera encore trop beau
quand je viendrai tout pantelant vous
présenter... attendre... guetter... « Ah
oui? Vous trouvez? Oui? C'est bien?...
Évidemment je ne peux prétendre...
avec derrière moi, auprès de moi, tous
ces grands... » Vous me tapoterez
l'épaule... n'est-ce pas attendrissant?
Vous sourirez... « Ah mais qui sait?
Hein? Qui peut prédire?... Il y a eu
des cas... » Non. N'y compte pas. Tu
peux regarder partout : ouvre mes
tiroirs, fouille dans mes placards, tu
ne trouveras pas un feuillet... pas une
esquisse... pas la plus légère tenta-
tive... *Rien* à vous mettre sous la dent.

H.1 : Dommage. Ç'aurait pu être
de l'or pur. Du diamant.

H. 2 : Ou même du plomb, n'est-ce pas? pourvu qu'on voie ce que c'est, pourvu qu'on puisse le classer, le coter... Il faut absolument qu'on sache à quoi s'en tenir. Comme ça on est tranquille. Il n'y a plus rien à craindre.

H. 1 : A craindre? Tu reviens encore à ça... A craindre... Oui, peut-être... Peut-être que tu as raison, en fin de compte... c'est vrai qu'auprès de toi j'éprouve parfois comme de l'appréhension...

H. 2 : Ah, voilà...

H. 1 : Oui... il me semble que là où tu es tout est... je ne sais pas comment dire... inconsistant, fluctuant... des sables mouvants où l'on s'enfonce... je sens que je perds pied... tout autour de moi se met à vaciller, tout va se défaire... il faut que je sorte de là au plus vite... que je me retrouve chez moi où tout est stable. Solide.

H.2 : Tu vois bien... Et moi... eh bien, puisque nous en sommes là... et moi, vois-tu, quand je suis chez toi, c'est comme de la claustrophobie... je suis dans un édifice fermé de tous côtés... partout des compartiments, des cloisons, des étages... j'ai envie de m'échapper... mais même quand j'en suis sorti, quand je suis revenu chez moi, j'ai du mal à... à...

H.1 : Oui? du mal à faire quoi?

H.2 : Du mal à reprendre vie... parfois encore le lendemain je me sens comme un peu inerte... et autour de moi aussi... il faut du temps pour que ça revienne, pour que je sente ça de nouveau, cette pulsation, un pouls qui se remet à battre... alors tu vois...

H.1 : Oui. Je vois.

Un silence.

A quoi bon s'acharner?

H.2 : Ce serait tellement plus sain...

H.1 : Pour chacun de nous... plus salutaire...

H.2 : La meilleure solution...

H.1 : Mais tu sais bien comment nous sommes. Même toi, tu n'as pas osé le prendre sur toi.

H.2 : Non. J'ai besoin qu'on m'autorise.

H.1 : Et moi donc, tu me connais...

Un silence.

Qu'est-ce que tu crois... si on introduisait une demande... à nous deux, cette fois... on pourrait peut-être mieux expliquer... on aurait peut-être plus de chances...

H.2 : Non... à quoi bon? Je peux tout te dire d'avance... Je vois leur air... « Eh bien, de quoi s'agit-il encore? De quoi? Qu'est-ce qu'ils racontent? Quelles taupes? Quelles pelouses?

Quels sables mouvants? Quels camps ennemis? Voyons un peu leurs dossiers... Rien... on a beau chercher... examiner les points d'ordinaire les plus chauds... rien d'autre nulle part que les signes d'une amitié parfaite... »

H.1 : C'est vrai.

H.2 : « Et ils demandent à rompre. Ils ne veulent plus se revoir de leur vie... quelle honte... »

H.1 : Oui, aucun doute possible, aucune hésitation : déboutés tous les deux.

H.2 : « Et même, qu'ils y prennent garde... qu'ils fassent très attention. On sait quelles peines encourent ceux qui ont l'outrecuidance de se permettre ainsi, sans raison... ils seront signalés... on ne s'en approchera qu'avec prudence, avec la plus extrême méfiance... Chacun saura de quoi ils sont capables, de quoi ils peuvent se rendre coupables :

ils peuvent rompre pour un oui ou pour un non. »

H.1 : Pour un oui... ou pour un non?

Un silence.

H.2 : Oui ou non?...

H.1 : Ce n'est pourtant pas la même chose...

H.2 : En effet : Oui. Ou non.

H.1 : Oui.

H.2 : Non !

Composé et achevé d'imprimer
par l'Imprimerie Floch
à Mayenne, le 17 septembre 1998.
Dépôt légal : septembre 1998.
1ᵉʳ dépôt légal : janvier 1982.
Numéro d'imprimeur : 44425.
ISBN 2-07-026407-6 / Imprimé en France.

88724